AF494187

PROCÈS-VERBAL

DE CE QUI S'EST PASSÉ AU LIT DE JUSTICE,

Tenu par le Roi au Château de Verſailles, le Samedi treize Avril mil ſept cent ſoixante-onze.

A LILLE,
De l'Imprimerie de N. J. B. PETERINCK-CRAMÉ,
Imprimeur ordinaire du Roi.

M. DCC. LXXI.

EXTRAIT DES REGISTRES DE PARLEMENT.

Du Samedi treize Avril mil sept cent soixante-onze, du matin.

LE ROI LOUIS XV.e du nom, tenant son Lit de Justice, en son Château de Versailles.

A sa droite sur un siége placé sur le tapis du Roi.

Monsieur LE DAUPHIN.

Sur deux pliants sur le tapis de pied du Roi, joignant le banc des Princes & Pairs.

M. le Comte de Provence.
M. le Comte d'Artois.

Sur ledit banc.

Le Comte de la Marche.
Prince du Sang.

A sa gauche aux hauts siéges.

De la Roche-Aimon, Archevêque de Reims.
L'Evêque Comte de Noyon.

Pairs Ecclésiastiques.

LES MARÉCHAUX.

De Clermont-Tonnerre.
De Contades.
De Broglie.
D'Armentières.

Sur le reste du banc, & sur deux bancs en retour placés jusqu'à la place du dernier Prince du Sang.

LES DUCS.

D'Uzès.	De Charost.
La Tremouille.	De Saint-Cloud.
De Sully.	Fitzjames.
De Luynes.	Rohan-Rohan.
De Brissac.	Villars-Brancas.
De Richelieu.	Valentinois.
De Fronsac.	Nivernois.
Rohan-Chabot.	Biron.
De Grammont.	La Valliere.
Saint-Aignan.	D'Aiguillon.
De Tresmes.	De Fleury.
De Noailles.	La Vauguyon.
D'Aumont.	La Rochefoucault.

Pairs Laïcs.

A SES PIEDS.

M. le Duc de Duras, faisant les fonctions de Grand-Chambellan.

A droite sur un tabouret.

Charles, Prince de Labesc, Grand-Ecuyer de France, portant au cou l'épée de parement du Roi.

A gauche sur un banc au-dessous de celui des Pairs ecclésiastiques.

Le Prince de Beauveau, le Duc d'Ayen, le Duc de Villeroy, le Prince Tingry, Capitaines des Gardes-du-Corps du Roi; & le Duc de Cossé, Capitaine des Cent-Suisses de la Garde.

Plus bas assis sur le petit degré par lequel on descend dans le Parquet.

Le sieur Bernard de Boullainvilliers, Prevôt de Paris, tenant un bâton blanc en sa main.

En une Chaiſe à bras, couverte de l'extrémité du tapis de velours violet, ſemé de fleurs-de-lis d'or, ſervant de drap de pied au Roi.

Monſieur René-Nicolas-Charles-Auguſtin de Maupeou, Chancelier de France, vêtu d'une robe de velours violet, doublée de ſatin cramoiſi.

Sur un banc répondant à celui où ſiégent Meſſieurs les Préſidens, au Conſeil en la Chambre du Parlement.

Meſſire Antoine-Martin Chaumont de la Galaizière, Conſeiller d'État, faiſant les fonctions de premier Préſident.

Mrs de Viarmes, de Baſchy, de la Porte, Bertier de Sauvigny, l'Abbé Bertin, Bignon, Langlois, d'Argouges, Ogier, faiſant les fonctions de Préſidens.

Dans le Parquet, devant Monſieur le Chancelier.

Sur trois tabourets, le Grand-Maître, le Maître & l'Aide des cérémonies.

Dans le Parquet, au milieu, à genoux devant le Roi.

Deux Huiſſiers-maſſiers du Roi, tenant leurs maſſes d'argent doré, & ſix Hérauts d'armes.

Sur les bancs à main gauche, couverts d'une tapiſſerie.

L'Evêque de Seulis.	Baillon.	Tolozan.
Sartine.	Montaran.	Chenizot.
Cochin.	Lagarde.	Raymond.
Fargès.	Doublet.	Guertier.
La Michodière.	D'Aiſne.	Du Treſſan.
De Larbouſt.	Montaran, *fils*.	De Vins.
Bouvard.	Aſtruc.	La Porte.
Baltard.	Vilevault	Du Four.
Terray.	Monthion.	Gias.
	Foullon.	Leſſard.
	Pernay.	Bonnaire.
	Doucr.	Rencaulme.
	Choppin.	Le Jay.
	Glugny.	Mazirot.
	Meulian.	Bertengle.
	Caze.	Le Fevre.

A côté droit ſur un banc couvert de tapis ſemés de fleurs-de-lis

Les Conſeillers d'Etat & Maîtres des Requêtes, vêtus en robes de ſatin noir, venus avec M. le Chancelier

Conſeillers d'Etat	*Maîtres des Requêtes,*
D'Agueſſeau.	Boula de Quincy.
Lefebvre.	Bertier.
Feydeau de Marville.	De Maupeou.
Beaumont.	Le fevre.
Boullongne.	
Joly de Fleury.	

Sur deux bancs derrière celui de Messieurs les Conseillers d'Etat & Maîtres des Requêtes.

MESSIEURS DU GRAND-CONSEIL.

Messire Charles-Étienne le Peletier de Beaupré, Chevalier Conseiller d'État; Président.

M.rs de Cotte, de Pernay, Brochet de Saint-Prest, Gueau, Brochet de Verigny, Chaillon de Jonville, Baudouin, le Noir; Présidens.

M.rs Bourgeois de Boynes & l'Evêque d'Auxerre, Conseillers d'honneur.

M.rs Lambert, Langelé, Salier, de Lier, de Rotrou, Villeneuve, Nourry, de Bonnaire, Honoré, Ridel, Canclaux, du Cardonnoy, Duport, Maneville, Frecot, Michel, Lenchère, Bunault, Mangot, Sorhouet, Vernier, Barassy, Chappe, Geoffroy, Maussion, Perrot, Negre, de Vaucresson, Petit de Belaunay, Camus de Neville.

Sur une forme à gauche en entrant, vis-à-vis Messieurs les Présidens.

M.rs le Duc de la Vrillière, Bertin & Monteynard, Secrétaires d'Etat

Sur trois autres bancs, à gauche dans le Parquet, vis-à-vis les Conseillers d'Etat.

LES SIEURS.

Chevaliers de l'Ordre.	*Gouverneurs des Provinces*	*Lieutenans-généraux des Provinces.*
Marquis de l'Hôpital.	Rochechouart.	Vicomte de Beaune.
Marquis d'Aubeterre.	De Peyre.	Marquis d'Escars.
Broglie.	De Levy.	Mailly-d'Haucourt.
Comte du Muy.	Marquis de Beaupreau.	Comte de Lugeac.
Béthune.	De Verac.	Marquis de Paulmy.
Destaing.	De Flamarens.	Marquis de Castries.
De Graville.		
De Pont.		
De Poyanne.		
Du Châtelet.		

A côté de la forme où étoient les Secrétaires d'Etat.

Ysabeau de Montval, Secrétaire de la Cour, faisant les fonctions de Greffier en chef, ayant devant lui un bureau couvert de velours violet.

Sur une autre forme derrière.

Dufranc, Secrétaire de la Cour.

Sur une autre forme.

Le Grand - Prevôt de l'Hôtel.

Sur un siége à l'entrée du Parquet.

Angely, premier Huissier.

A l'entrée du Parquet les deux Huissiers de la Chancellerie, avec leurs masses.

M.e Antoine - Louis Seguier, Avocat
M.e Guillaume - François - Louis Joly de Fleury, Procureur - général
M.e Omer - Louis - François Joly de Fleury, Avocat
} du Roi.

En la place répondante à celle qu'ils occupent toutes les Chambres assemblées.

Sur une forme en retour des bancs du Grand-Conseil.

Vendive, Greffier de l'audience du Grand-Conseil, faisant les fonctions de Greffier en chef, ayant devant lui un bureau couvert de velours violet.

Sur une autre forme à côté,

Detienne, premier Huissier du Grand-Conseil.

Sur un banc à la suite de ceux du Grand Conseil.

M.e de la Brisse, Avocat
M.e Angran, Procureur-général
} du Roi.

CE jour, la Cour, toutes les Chambres assemblées, en robes de satin noir, dans la grande Salle des Gardes-du-Corps du Roi, préparée pour tenir son Lit de Justice, ayant été avertie que M. le Chancelier alloit arriver, a député M.rs de Persan & d'Aisne pour l'aller recevoir; le Grand-Conseil pareillement assemblé dans ladite Salle, en robes de satin noir, a aussi député M.rs Langelé & Sallier; les Députés des deux Cours précédés chacun de deux Huissiers, ont été jusqu'au milieu de la seconde pièce, répondante à la grande Salle du Palais, & se sont mis à la droite & à la gauche de M. le Chancelier. Monsieur le Chancelier étoit accompagné de ſes Secrétaires, de ſes Gentilshommes & du Lieutenant de la Prévôté de l'hôtel ſervant près de ſa perſonne; devant lui marchoient les Huiſſiers de la Chancellerie, avec leurs maſſes. Après lui, les Conſeillers d'Etat & Maîtres des Requêtes ci-deſſus nommés; les deux Huiſſiers-maſſiers de la Chancellerie ſont reſtés à l'entrée du Parquet. Monſieur le Chancelier l'a traverſé & a pris ſa place dans un ſiége à bras placé aux pieds du Roi, couvert de l'extrêmité du tapis de velours violet, ſemé de fleurs-de-lis, qui ſervoit de tapis de pied au Roi. Les Conſeillers d'Etat & Maîtres des Requêtes qui étoient venus avec lui, ont paſſé ſur la gauche derrière les bancs, & ſe ſont placés ſur un banc étant dans le Parquet au-deſſous des Pairs-laïcs.

Les Chevaliers de l'Ordre, Gouverneurs & Lieutenans-généraux des Provinces, avoient pris peu avant leurs places, pour éviter la confuſion, quoiqu'ils n'aient droit que d'accompagner le Roi & d'entrer à ſa ſuite, étant mandés.

Le Maître des cérémonies ayant averti la compagnie que le Roi étoit prêt, ont été députés pour l'aller recevoir & ſaluer, M.rs de Viarmes, de Baſchy, de la Porte & Bertier de Sauvigny, Conſeillers d'Etat; & M.rs Baillon, Montaran, Lagarde & Doublet, Maîtres des Requêtes; & le Grand-Conſeil a député pareillement M.rs de Cotte, de Pernay, de Verigny & de Jonville, Préſidens; & M.rs Langelé, Sallier, de Lier & de Villeneuve, Conſeillers; tous leſquels députés l'ont conduit en ſon Lit de Juſtice, marchant à ſes côtés, & les deux premiers Huiſſiers entre les deux Maſſiers du Roi, immédiatement devant ſa perſonne. Le Roi étoit précédé de M. le Dauphin, qui l'étoit de M. le Comte de Provence, de M. le Comte d'Artois, fils de France; & de M. le Comte de la Marche, Prince du Sang, qui ont pris leurs places traverſant le Parquet. Le Roi étoit auſſi précédé de M. le Duc de Coſſé, commandant la compagnie des Cent-Suiſſes de la Garde, du Grand-Chambellan, du Prince de Labeſc, Grand-Ecuyer de France; & étoit ſuivi des Capitaines de ſes Gardes.

Le Roi s'étant aſſis & couvert, M. le Chancelier a dit: *Le Roi ordonne que chacun prenne ſa ſéance;* enſuite M. le Chancelier a dit:

« Le Roi permet qu'on ſe couvre. »

M. le Chancelier étant ensuite monté vers le Roi, agenouillé à ses pieds pour recevoir ses ordres, descendu, remis en sa place, assis & couvert; le Roi ayant ôté & remis son chapeau, a dit:

« Messieurs, mon Chancelier va vous expliquer mes intentions. »

Après quoi M. le Chancelier a dit:

MESSIEURS,

« SA MAJESTÉ comptable à Dieu seul de l'administration de » son Royaume, pourroit renfermer dans son cœur les motifs qui » ont déterminé sa conduite; mais les vues de sagesse & de bien » public qui ont présidé à ses opérations, demandent un hommage » éclairé, & c'est par la confiance la plus étendue, qu'Elle veut » reconnoître un attachement aussi pur, & une fidélité aussi éprouvée » que la vôtre.

» Les idées nouvelles qu'avoient adoptées quelques-uns de ses » Parlemens, les principes qu'ils avoient hasardés sur la nature & sur » les bornes du pouvoir qui leur étoit confié, leurs démarches dirigées » par ces principes, forcèrent Sa Majesté à donner son Edit du mois de » Décembre dernier.

» Elle y rappella les faits qui l'avoient rendu nécessaire, & ses » Officiers qui ont prétendu que le tableau de ces faits étoit avilissant » pour eux, n'ont osé les contredire, & n'ont pu se résoudre à en » avouer l'irrégularité.

» A ces principes, à ces faits, Elle opposa les véritables maximes, » des maximes que ses Cours avoient respectées dans les temps les » plus orageux, & que sous son règne même, elles avoient vengées par » les Arrêts les plus solemnels.

» Les dispositions de cet Edit n'en furent que l'application & la » conséquence nécessaires.

» Mais au lieu de se soumettre à une loi qui étoit l'expression même » des anciennes Ordonnances, la première démarche des Officiers du » Parlement, en fut l'infraction la plus caractérisée.

» S'ils n'avoient manqué qu'au respect dû aux volontés du Roi, Sa » Majesté auroit pu n'appercevoir dans leur conduite qu'un écart » momentané; mais ils sacrifioient l'intérêt des peuples à l'intérêt » de leurs prétentions, & en leur refusant la justice qu'ils leur devoient,

devoient, ils troubloient l'ordre public, & en ébranloient les fondemens.

Tout faisoit à Sa Majesté une loi de réprimer ce nouveau genre de résistance, dont l'exemple étoit dangereux, & dont les conséquences pouvoient devenir funestes.

Cependant Elle abandonna d'abord ses Officiers au sentiment de leur devoir, & attendit de leurs propres réflexions, le désaveu de leur conduite.

Obligée enfin de faire parler l'autorité, Elle employa les ménagemens les plus marqués.

L'inutilité des premieres Lettres de jussion ne rebuta point sa patience, & en renouvellant les mêmes ordres, Elle daigna encore adoucir l'expression de ses volontés.

Rendus pour un moment à leur devoir, Elle agréa leur retour, quelqu'imparfait qu'il fût, & se contenta d'improuver des protestations qu'ils avoient osé lui présenter, & que peut-être, il étoit de sa dignité de ne pas recevoir.

Mais enhardis par sa bonté même, ils abdiquent une seconde fois leurs fonctions, ils avouent hautement des principes qu'ils n'avoient encore hasardés que d'une manière obscure & équivoque.

Ils prétendent élever une autorité rivale de l'autorité suprême, & établir un monstrueux équilibre, dont l'effet seroit d'enchaîner l'administration, d'en arrêter les ressorts & de plonger le Royaume dans le désordre de l'Anarchie.

Car enfin que resteroit-il au Roi, si les Magistrats liés par une association générale, formoient un ordre nouveau qui pût opposer au Souverain une résistance active & combinée ! Si maîtres de suspendre ou d'abandonner à leur gré, les fonctions de leur ministère, ils pouvoient intercepter tout-à-la-fois & dans toutes les provinces le cours de la Justice ! Si enfin le droit d'exercer une portion de l'Autorité royale, étoit dans leurs mains le droit de ne reconnoître aucune autorité !

Pour donner une couleur favorable à ce système, on tenta d'intéresser dans un réglement de discipline, les loix fondamentales, ces loix qui sont gravées dans le cœur de tout bon François, & que le Roi ne peut changer.

On feignit des allarmes & comme si l'on eût craint de les

„ voir dissiper, on se ferma constamment l'accès du Trône, en se „ refusant à l'unique moyen qui pouvoit y conduire.

„ Pour ramener ses Officiers, Sa Majesté épuisa toutes les „ ressources de la raison & de l'autorité.

„ Le vœu commun fut toujours de désobéir.

„ Mais comme l'obligation de rendre la Justice étoit un devoir „ personnel à chacun des Magistrats, que chacun d'eux s'y étoit „ voué par un serment absolu & indépendant du suffrage des autres ; „ Sa Majesté crut que des ordres particuliers détruiroient l'effet de „ ce concert, & que rendus à eux-mêmes, tous retrouveroient dans „ leur cœur, les principes de la soumission & de la fidélité qu'ils „ lui avoient jurées.

„ Mais le grand nombre persévéra dans sa résistance, ou fit „ dépendre de la pluralité des voix, l'accomplissement d'une obli- „ gation personnelle, & les autres ne parurent soumis un moment „ que pour aller bientôt désavouer leur obéissance & méconnoître „ encore leurs devoirs & leurs sermens.

„ Dans cette défection générale que les loix anterieures n'a- „ voient jamais prévue, Sa Majesté s'est trouvée réduite à donner „ enfin à son Edit une exécution, dont la conduite notoire de ses „ Officiers justifioit & démontroit la nécessité.

„ Mais après avoir rempli ce qu'Elle devoit à l'ordre public, à „ l'intérêt de ses sujets, à la sûreté, à l'indépendance de sa Cou- „ ronne, Elle ne suit plus que l'impression de sa clémence & de „ sa bonté.

„ Convaincue que pour des François, il n'est point de peine plus „ sensible que celle d'avoir mérité sa disgrace, & de n'être plus „ utile à ses peuples, Elle se plaît à tempérer la rigueur de sa loi, „ & veut que l'acte de sa justice soit aussi un acte de sa bienfaisance.

„ C'est encore au milieu de vous que Sa Majesté va consommer „ cette heureuse révolution, qui doit rendre à une partie des Tribu- „ naux leur dignité premiere & leur véritable noblesse.

„ Le caractère le plus auguste ne sera plus dans les Magistrats que „ le gage de sa confiance, le prix des talens & des vertus.

„ Une sage discipline les rappellera sans cesse aux loix de leur „ état & de leur devoir.

„ Le sanctuaire de la Justice ne sera ouvert ni à l'importunité ni à la faveur ; Sa Majesté veut que le choix de ses Officiers éclaire « & prépare le sien. «

Cette autorité qu'Elle venge avec éclat quand elle est mé- « connue , Elle aime à la communiquer à des Magistrats fidèles & « respectueux , & Elle n'est jalouse de ses droits que pour assurer « le bonheur de ses peuples. »

Après quoi M. le Premier Président & tous les Présidens & Conseillers ont mis le genou en terre ; M. le Chancelier ayant dit : *le Roi ordonne que vous vous leviez* , ils se sont levés , & restés debout & découverts , M. le Premier Président a dit :

SIRE,

» Dans un lieu , dans un jour où tout annonce l'usage le plus absolu de votre Puissance ; nous ne pouvons remplir d'autre « devoir que celui du silence , du respect & de la soumission. »

Son discours fini , M. le Chancelier est monté vers le Roi pour prendre ses ordres, le genou en terre ; descendu , remis en sa place , assis & couvert , a fait ouvrir les portes , & a ordonné au Commis faisant les fonctions de Greffier en chef de faire lecture dudit Edit.

Les portes ayant été ouvertes , & Me. Ysabeau , faisant les fonctions de Greffier en chef , s'étant approché de M. le Chancelier pour prendre de sa main ledit Edit , lui retiré à sa place en a fait lecture debout & découvert ; après laquelle lecture , M. le Chancelier a dit aux Gens du Roi , qu'ils pouvoient parler. Aussitôt les Gens du Roi se sont mis à genoux.

M. le Chancelier leur a dit que le Roi ordonnoit qu'ils se levassent. Ils se sont levés ; & debout & découverts , M. Antoine-Louis Séguier , Avocat du Roi , portant la parole , ont dit :

SIRE,

Votre Majesté étale en ce moment le spectacle de sa puissance , « l'éclat du Trône , la présence de votre Personnne sacrée , les Princes «

„ de votre Sang royal, les Pairs de France, le choix des autres „ personnes qui composent cette illustre assemblée, le lieu même „ où elle est convoquée, tout, jusqu'à la défense qui nous a été faite „ de paroître devant Votre Majesté avec l'habit de notre état, le „ seul convenable à la dignité de cette auguste Séance, tout annonce „ l'exercice le plus entier des droits de la Souveraineté ; tout semble „ fait pour intimider des Magistrats déja surchargés du poids de leur „ situation ; mais l'amour & la fidélité surmontent en eux la crainte „ au milieu de cet appareil imposant.

„ Votre Majesté nous permet de nous expliquer, & cette per„ mission devient un ordre pour le ministère public ; c'est nous „ demander compte de l'exécution des loix, dont la garde nous est „ confiée, c'est nous ordonner de réclamer l'observation des règles, „ & d'instruire Votre Majesté de tout ce qui peut être contraire au „ bien de son service ou au bonheur de ses sujets ; c'est enfin nous „ prescrire de développer aux yeux de Votre Majesté nos véritables „ sentimens ; nous ne craindrons pas de les faire paroître, ils naissent „ de l'attachement le plus inviolable & de l'amour le plus tendre, „ la reconnoissance les a inspirés encore plus que le devoir, & „ Votre Majesté y reconnoîtra tout ce qu'Elle a droit d'attendre de „ notre zèle pour la gloire & la prospérité de son Règne.

„ La présence d'un Prince chéri de ses sujets, devroit porter „ dans tous les cœurs la joie la plus pure, & cette douce satisfaction „ qu'éprouvent des enfans à l'aspect d'un pere tendre ; pourquoi „ notre ame en ce moment est-elle plongée dans la tristesse la plus „ amère ! pourquoi l'amour & le respect sont-ils mêlés de douleur „ & de consternation !

„ En vain nos regards timides parcourent cette nombreuse as„ semblée, nous cherchons en vain au pied du Trône les Magistrats „ qui composent avec nous le premier Parlement de votre Royaume, „ nous ne les voyons plus ; votre bras s'est appesanti ; un moment „ de courroux a décidé de leur sort ; ils ont été dispersés par les „ Ordres de votre Majesté, & nous nous trouvons seuls aujourd'hui „ au milieu des Princes & des Pairs, étonnés comme nous, de „ voir des étrangers remplacer les Officiers de votre Parlement ; „ que Votre Majesté daigne consulter les véritables appuis de sa „ Couronne ; ils se joindront à nous, s'il leur est permis d'élever

la voix ; ou plutôt ne ſommes-nous pas en ce moment les organes “
de la Cour des Pairs ! dans la contrainte où elle ſe trouve réduite “
elle ſollicite par notre bouche le rappel des Magiſtrats qui leur “
étoient aſſociés dans l'adminiſtration de la juſtice. “

Accuſés à la face de toute la France d'être infectés de l'eſprit “
de ſyſtème, *qui a porté de funeſtes atteintes à la religion & aux* “
mœurs * ; annoncés comme coupables d'avoir voulu s'approprier “
une partie de l'autorité du Souverain ; deshonorés aux yeux de “
leurs concitoyens par ces imputations flétriſſantes, condamnés “
ſans avoir été entendus, & jugés ſans aucune inſtruction préa- “
lable, enlevés à leurs fonctions, privés de leur état, arrachés à “
leurs familles en larmes, pendant la nuit, au milieu de leur ſommeil, “
& dépouillés de leur patrimoine ; eſt-il encore quelque genre de “
peines qu'on ait pu leur faire ſupporter ! qu'il nous ſoit permis “
d'en retracer à vos yeux la peinture trop affligeante. “

Expoſés à la fatigue d'un long voyage, dans la plus rigoureuſe “
ſaiſon, malgré l'inégalité d'âge, de fortune & de ſanté, relegués “
la plûpart aux extrêmités du royaume, dans des lieux à peine “
acceſſibles, au fond des forêts, ſur la cime des montagnes, dans “
des iles preſque inhabitées, éloignés de tous ſecours, & manquant “
des choſes les plus néceſſaires a la vie, ils attendent avec ſou- “
miſſion & confiance que Votre Mejeſté, inſtruite du traitement “
qu'ils éprouvent, daigne adoucir la rigueur des ordres qui vous “
ont été arrachés . . . . . Non, Sire, des ordres auſſi rigoureux “
ne ſont pas ſortis de votre main bienfaiſante ; le Ciel vous a doué “
d'un ame ſenſible & d'un cœur compatiſſant ; votre caractère eſt “
étranger à la ſévérité avec laquelle ces Magiſtrats ont été pour- “
ſuivis, pour n'avoir écouté que le cri de l'honneur, la voix du “
devoir & le témoignage de leur conſcience. Un Prince, Sire, “
peut combattre quelquefois ſa bonté naturelle, mais lors même “
qu'il eſt forcé de punir, il imite la Divinité qui épouvante les “
mortels par les ſignes de ſa colère, & ne peut ſe réſoudre à “
détruire le plus parfait ouvrage de ſes mains. “

Votre Parlement, Sire, étoit l'ouvrage le plus noble du pou- “
voir ſouverain de nos Rois ; Louis XIV. lui rend ce glorieux “

* Edit de Décembre 1770, régiſtré en Lit de Juſtice.

„ témoignage ; que *ſa dignité fait une des plus illuſtres portions de* „ *celle des Rois.* (Edit de Juillet 1644). Votre Parlement étoit le „ lien de tous les Ordres de l'Etat, & le garant de l'obéiſſance „ de vos ſujets ; & cependant le projet de ſa deſtruction a été „ exécuté : ce Corps auguſte, dépoſitaire de toutes les Loix du „ Royaume, ce Corps ſi redoutable aux Puiſſances étrangères, dont „ il a tant de fois repouſſé les entrepriſes ; *ce Corps qui n'a jamais* „ *mieux ſervi les Rois vos auguſtes Prédéceſſeurs, que lorſqu'il a été plus* „ *libre, & plus honoré de leur confiance & de leur bonté* *, ce Corps „ enfin toujours permanent, dont tous les membres, aſſurés de „ leur état par ſa perpétuité, ne doivent jamais être expoſés à faire „ plier le devoir aux circonſtances, & à la crainte de ſe voir „ deſtitués de leurs fonctions : Il eſt donc anéanti . . . nous nous „ arrêtons à ce mot ! Paroître douter de l'irrévocabilité des Offices, „ ce ſeroit, Sire, faire injure à votre équité ſouveraine, & les Ma„ giſtrats qui compoſent votre Parlement déſavoueroient notre incer„ titude ; tranquilles au ſein de la diſgrace, parce qu'ils comptent „ ſur votre juſtice, & qu'ils eſperent le retour de votre confiance, „ ils ont gardé un ſilence reſpectueux ſur la perte de leur liberté, „ & ſur la confiſcation de leurs Offices ; mais les loix veilloient ſur „ leur propriété, les loix dépoſent de leur innocence, les loix „ réclament contre leur deſtitution & leur exil, nous oſons les „ invoquer au pied du Trône de Votre Majeſté ; eh ! qui oſera, „ Sire, appeller le ſecours de la loi, ſi la bouche du Miniſtère „ public eſt muette ! Pourquoi le dépôt de la loi nous eſt-il confié, „ ſi ce n'eſt pour en requérir l'exécution ! Et Votre Majeſté Elle„ méme ne ſeroit-elle pas en droit de nous reprocher un jour notre „ négligence ou notre timidité, ſi la crainte retenoit captive cette „ activité qui doit animer ſans ceſſe le gardien & le défenſeur de „ la loi !

„ Armés de cet égide, nous ne chercherons pas à juſtifier la „ conduite des Officiers de votre Parlement par le motif même „ qui leur a fait interrompre le ſervice ; mais nous ne craindrons „ pas de dire à Votre Majeſté ; nous irons même juſqu'à lui atteſter „ qu'on ne peut les ſoupçonner d'avoir voulu porter la plus légère

* Diſcours de M. Gilbert de Voiſins au Lit de Juſtice de 1732.

atteinte à l'autorité de leur Roi ; pleins de respect, en qualité "
de sujets, pour des ordres qui n'étoient pas même signés de la "
main de Votre Majesté, ils ont donné à toute la France l'exemple "
de la soumission la plus prompte & la plus entière, & si par la "
suspension de leurs travaux habituels, ils se sont permis, en qualité "
de Magistrats, de faire usage d'un moyen qui avoit déja été "
employé ; c'est que l'Edit du mois de Décembre dernier devenoit "
pour toute la Magistrature un monument de honte inconciliable "
avec la sainteté de son ministère ; c'est qu'ils ont pensé que la "
trop grande étendue des dispositions de cet Edit, mettoit en "
péril des objets sur lesquels Votre Majesté n'a pas tardé à rassurer "
ses peuples. L'amour du bien général, & l'intérêt de votre propre "
gloire, ont dû prévaloir sur le service des audiences. Le zèle les "
a peut-être emportés trop loin ; mais quelque coupables qu'on "
ait voulu les faire paroître à vos yeux, par une résistance, qui "
plus d'une fois a mérité les éloges de vos augustes Prédécesseurs, "
nous ne sommes pas moins fondés à réclamer en leur faveur "
l'exécution des Ordonnances du Royaume ; nous invoquons, avec "
justice l'Ordonnance de Louis XI. de 1467 ; l'Edit de Charles "
VIII. son fils, donné en 1483, sur les représentations des Etats ; "
l'Ordonnance de Moulins sous Charles IX. en 1566 (*art.* 81). "
L'Ordonnance de Blois sous Henry III. en 1579 (*art.* 210 *&* "
suiv.) L'Edit de Louis XIII. de 1616 ; la Déclaration de Louis "
XIV. de 1648 ; enfin la réponse de Votre Majesté Elle-même, "
sur l'exil & la suppression des Membres du Parlement de Besançon ; "
tant de témoignages émanés de la toute-puissance de nos Rois, "
& accordés aux instances mêmes des représentans de la Nation, "
suffiront sans doute pour convaincre Votre Majesté, qu'il est "
de droit public en France, qu'aucun Titulaire ne peut être dé- "
pouillé légitimement de son Office, & enlevé à ses fonctions, "
que *pour forfaiture préalablement jugée, & déclarée judiciairement, &* "
par Juge compétent *. Un jour viendra où Votre Majesté recon- "
noîtra la vérité des principes que notre ministère nous force "
à lui représenter. On a cherché à les faire perdre de vue ; mais "
le temps seul peut dissiper le nuage ; nous ne cherchons, quant à "

* Ordonnance de Louis XI. du 21 Octobre, régistrée le 23 Novembre 1467.

„ présent, qu'à éclairer Votre Majesté, nous ne voulons qu'intéresser „ la bonté de son cœur.

» Il est affreux à tous les Membres de votre Parlement d'avoir „ eu le malheur de déplaire à Votre Majesté, mais, Sire, quel » nouveau sujet d'affliction *& pour eux & pour nous, si leur destitution » alloit influer & sur le bien public & sur l'intérêt de votre service* *, *dont » il est inséparable* ! Que seroit-ce si tant de nouveaux établissemens, » destructifs de ces loix qui ont assuré si long-temps le bonheur » & la tranquillité de la France, alloient devenir une source de » fermentation dans les esprits & de trouble dans l'Etat.

» Le rappel des Magistrats de votre Parlement préviendroit des » malheurs qu'on ne peut envisager qu'avec effroi; animés comme » eux du desir de votre gloire, toujours unis de cœur & de sentiment » avec les Officiers entre les mains desquels nous avons prêté » serment, attachés par des liens indissolubles au Corps que notre » ministère seul représente aujourd'hui, & dont nous ne pourrions » nous séparer sans trahir également notre devoir & notre honneur, » nous ne balancerons pas à supplier Votre Majesté de vouloir bien » faire attention que vos peuples sont pénétrés de la douleur la plus » profonde, que la dispersion des Membres de votre Parlement » annonce l'anéantissement des formes les plus anciennes, que toute » nouveauté est dangéreuse, que l'interversion des loix a été plus » d'une fois, dans les plus grandes Monarchies, la cause ou le » prétexte des révolutions, & que dans une Monarchie la stabilité » seule des Magistrats peut leur assurer cette liberté qui doit être » l'ame des délibérations, & garantir la sûreté des droits respectifs » du Souverain & de son peuple.

» Nous ne parlerons pas de la nécessité d'une vérification libre. » Si Votre Majesté avoit voulu s'élever au-dessus de ces formes » anciennes & sacrées, qui tiennent de la Loi, parce qu'elles ajoutent » à son authenticité. Elle auroit pu nous imposer silence par un » simple acte de son pouvoir souverain; mais la bonté qu'Elle a » eue de nous entendre nous a encouragés. Nous lui avons parlé le » langage pur & simple de la vérité; & c'est sur-tout dans la bouche » du ministère public qu'un Roi doit la reconnoître sans mélange,

* Discours de M. Gilbert de Voisins, Avocat général, au Lit de Justice de 1732.

&

& ſans autre réſerve que celle qu'impoſe néceſſairement le reſpect. “
Nous n'avons couſulté que cette vertu précieuſe, parce que nous “
en ſommes comptables à tous vos ſujets ; & ſi l'on vouloit donner “
à entendre à Votre Majeſté que cette fermeté de notre part eſt “
un oubli de nos devoirs, Votre Majeſté voudra bien ſe ſouvenir “
que nous avons fait ſerment d'éclairer & d'inſtruire ſa religion, “
que l'honneur & la conſcience nous obligent à défendre ſa “
propre gloire, & que les ſujets les plus courageux par leur “
réſiſtance même, ont toujours fait foi d'attachement & de fidélité. “

Puiſſent nos réflexions, nos prières & nos larmes ſe faire un “
paſſage juſqu'au cœur de Votre Majeſté ! puiſſent nos vœux & “
nos ſupplications déſarmer votre colère ! puiſſe enfin Votre Majeſté “
ſe rappeller ce temps heureux où Elle a déclaré Elle-même, “
qu'*Elle n'auroit jamais d'autre intention que de régner par l'obſervation* “
des loix, & des formes ſagement établies dans le Royaume, & de conſerver “
à ceux qui en ſont les dépoſitaires & les miniſtres, la liberté des fonctions “
qu'elles leur aſſurent. (Déclaration du 20 Janvier 1764.) “

Voilà, Sire, les véritables ſentimens de Votre Majeſté. C'eſt «
à Vous-même que la France appelle de votre ſévérité. Conſultez «
votre cœur, & elle reconnoîtra un Monarque qui ne veut règner «
que par l'amour & par la Juſtice. (Déclar. du 21 Novembre 1763.) «

A l'approche du moment où votre auguſte Petit-Fils va «
contracter une nouvelle alliance avec une Maiſon, à laquelle nous «
devons déjà le plus chéri des Rois, vos peuples en proie à la «
triſteſſe, feront-ils forcés de la concentrer en eux-mêmes au «
milieu des fêtes publiques ? non, Sire, un évènement auſſi favorable «
ne ſera pas marqué par la conſternation des eſprits. «

Dans une confiance auſſi juſte, aſſurés de retrouver toujours «
en Votre Majeſté le père de vos ſujets, guidés par notre ſeul «
devoir, nous ne craindrons pas de ſupplier Votre Majeſté de «
vouloir bien retirer un Édit qui forme un contraſte auſſi étonnant «
avec les Loix & les Ordonnances du Royaume, auxquelles ils n'a «
pas même dérogé.

EDIT DU ROI,

Portant suppreſſion & création d'Offices dans le Parlement de Paris.

Donné à Verſailles au mois d'Avril 1771.

Regiſtré en Parlement.

LOUIS, PAR LA GRACE DE DIEU, ROI DE FRANCE ET DE NAVARRE : A tous préſens & à venir ; SALUT. Après avoir formé les Conſeils ſupérieurs, créés par notre Édit du mois de Février, notre premier ſoin eſt de faire diſparoître, dans notre Parlement de Paris, cette vénalité dont la ſuppreſſion eſt ſi intéreſſante pour nos peuples, d'y établir, comme dans nos Conſeils ſupérieurs, l'adminiſtration gratuite de la juſtice, & de fixer, d'une maniere proportionnée à l'étendue de ſon reſſort, le nombre des Officiers qui doivent le compoſer. Pour remplir ces vues, nous ne pouvons nous diſpenſer d'éteindre & de ſupprimer les Offices qui y exiſtoient déjà, & d'en créer de nouveaux, inamovibles comme les anciens, mais que nous accorderons gratuitement & ſans finance. A CES CAUSES & autres à ce nous mouvant, de l'avis de notre Conſeil, & de notre certaine ſcience, pleine puiſſance & autorité royale, Nous avons par notre préſent Édit perpétuel & irrévocable, dit, ſtatué & ordonné ; diſons, ſtatuons & ordonnons, voulons & nous plaît ce qui ſuit :

ARTICLE PREMIER.

Avons éteint & ſupprimé, éteignons & ſupprimons tous les Offices de Préſidens & Conſeillers, ci-devant créés pour notre Parlement de Paris.

II.

Seront tenus les propriétaires deſdits Offices, de remettre, dans le délai de ſix mois, leurs quittances de finance & autres titres de propriété, au Contrôleur général de nos finances, pour être procédé, en la forme ordinaire, à la liquidation desdits Offices, & pourvu au remboursement d'iceux, ainsi qu'il sera par nous ordonné.

I I I.

Éteignons & supprimons pareillement les Offices de Greffier en chef civil, de Greffier en chef des Requêtes du Palais ; ceux de Greffiers de la seconde & troisième Chambre des Enquêtes, de la première & seconde des Requêtes ; ceux du Payeur des gages de notre Parlement & de ses Contrôleurs ; les Offices d'Huissiers aux Requêtes, & ceux de Buvetiers de la seconde & troisième des Enquêtes, & des deux Chambres des Requêtes du Palais. Seront tenus les propriétaires desdits Offices, de remettre, dans le délai ci-dessus, leurs quittances de finance & autres titres de propriété, pour être procédé à la liquidation & pourvu à leur remboursement.

I V.

Avons créé & érigé ; & par notre présent Édit, créons & érigeons, en titre d'Offices formés & inamovibles, un Office de notre premier Président, quatre Offices de Présidens, quinze Offices de Conseillers-Clercs, & cinquante-cinq Offices de Conseillers-Laïcs, pour tenir notredite Cour de Parlement.

V.

Avons pareillement créé & érigé, créons & érigeons, en titre d'Office formé & inamovible, un Office de Greffier en chef de notredite Cour.

V I

Notredite Cour sera composée d'une Grand'Chambre & d'une Chambre des Enquêtes.

V I I.

La Grand'Chambre sera composée du Premier Président, de quatre Présidens, de dix Conseillers-Clercs, de trente Conseillers-Laïcs : Celle des Enquêtes, de deux Conseillers-Présidens, de cinq Conseillers-Clercs, de vingt-trois Conseillers-Laïcs.

V I I I.

La Tournelle sera composée de quinze Conseillers de la

Grand'Chambre, de cinq Conseillers aux Enquêtes, & présidée par le second & le quatrième des Présidens.

I X.

La Chambre des Vacations sera formée d'un Président, de dix-sept Conseillers de Grand'Chambre, dont deux Clercs & quinze Laïcs, & de cinq Conseillers des Enquêtes.

X.

Le Premier Président & les Présidens de notredite Cour, les Conseillers-Présidens aux Enquêtes, les Conseillers de Grand'-Chambre & les Conseillers des Enquêtes jouiront des gages, que nous leur avons attribués par l'arrêt de notre Conseil du 12 Avril présent mois, sur lequel toutes lettres nécessaires seront expédiées.

X I.

Le Doyen des Conseillers de Grand'Chambre, jouira d'une pension de Trois mille livres, indépendamment de ses gages; le Sous-doyen, de Quinze cens livres; le Doyen des Conseillers-Clercs, de Quinze cens livres; le Doyen des Enquêtes, de mille livres.

X I I.

Au moyen desdits gages, nos Officiers ne pourront prendre des parties, aucunes rétributions, sous le titre d'*Epices*, *Vacations* ou autres dénominations quelconques: Et en conséquence lesdits gages ne pourront être saisis sous quelque prétexte que ce soit.

X I I I.

Lesdits gages seront divisés en autant de portions qu'il y aura de jours de Palais par chacun an, & ceux de nosdits Officiers, qui pour autres raisons que celles de maladie ou empêchement légitime, auront négligé de se rendre à leurs fonctions, seront privés d'une partie proportionnelle de leurs gages, laquelle accroîtra à ceux qui auront été présens.

X I V.

A l'effet de constater l'exactitude de nosdits Officiers, il sera tenu par le Greffier de chaque Chambre, un registre où seront inſcrits jour par jour les noms de ceux qui ſeront préſens, & ſera ledit regiſtre à la fin de chaque ſéance, vérifié & viſé par le premier Préſident ou Préſident de la Chambre.

X V.

La répartition deſdits gages ſera faite aux vacances de Pâques & à la clôture du Palais, dans une aſſemblée de chaque Chambre & dans la forme qui ſera réglée par notredite Cour de Parlement.

X V I.

Leſdits gages, ainſi que les penſions énoncées en l'article XI ci-deſſus, ſeront payés ſur un état arrêté par le premier Préſident, pour la Grand'Chambre; & par l'ancien des Conſeillers-préſidens, pour la Chambre des Enquêtes, & ſeront payés à chacune de ces époques par le Receveur général de nos finances de la généralité de Paris; lequel ne pourra, ſous quelque prétexte que ce ſoit, ſe déſaiſir pour aucun autre uſage des deniers à ce deſtinés.

X V I I.

Dans le cas de maladie ou autre empêchement légitime, noſdits Officiers ſeront tenus d'en prévenir le Préſident ou Doyen de leur Chambre.

X V I I I.

Il ſera tenu deux fois par an, en la manière accoutumée, une aſſemblée des Chambres, où il ſera délibéré ſur tout ce qui intéreſſera la diſcipline de notredite Cour, la plus exacte obſervation de nos Ordonnances, & la conduite de nos Officiers. Notre Procureur général y fera telles réquiſitions qu'il jugera à propos pour le maintien des règles & du bon ordre.

X I X.

Voulons que ceux qui ſeront reçus Conſeillers en notredite Cour, aient au moins vingt-cinq ans accomplis; qu'ils aient ſuivi exactement le barreau au moins pendant cinq ans, ou rempli pendant le même eſpace de temps un Office dans un de nos Conſeils ſupérieurs, ou dans quelques autres juridictions.

X X.

Dans le cas de vacance d'un Office de Conſeiller, notredite

Cour nous présentera trois sujets de la qualité ci-dessus, pour remplir l'Office vacant, & si aucuns desdits sujets ne nous convenoient, notredite Cour sera tenue de nous en présenter d'autres, jusqu'à ce que nous en ayons agréé un.

XXI.

Notredite Cour connoîtra, comme par le passé, de toutes les questions de Régale, de tout ce qui intéresse les Pairs & les Pairies, & de toutes les matières qui lui étoient attribuées privativement dans toute l'étendue de notre Royaume; connoîtra pareillement du Domaine de notre Couronne, & des appels comme d'abus principaux, tant dans son ressort actuel que dans celui des Conseils supérieurs, établis par notre Edit du mois de Février.

XXII.

La Chambre des Enquêtes continuera de connoître des procès, qui sont de nature à y être portés, même de toutes les affaires particulières attribuées à l'une des Chambres des Enquêtes.

XXIII.

Attribuons aux Requêtes de notre Hôtel, la connoissance de toutes les causes qui y seront portées en vertu de lettres de *Committimus* du grand Sceau : Et au Châtelet de Paris, la connoissance de celles qui y seront portées en vertu de lettres de *Committimus* du petit Sceau.

XXIV.

Voulons au surplus que tous nos Edits, Ordonnances, Réglemens, Déclarations, auxquels nous n'avons point dérogé par notre présent Edit, soient observés selon leur forme & teneur. SI DONNONS EN MANDEMENT à nos amés & féaux Conseillers les Gens tenant notre Cour de Parlement à Paris, que notre présent Édit ils aient à faire lire, publier & registrer, & le contenu en icelui garder, observer & exécuter selon sa forme & teneur : CAR TEL EST NOTRE PLAISIR; & afin que ce soit chose ferme & stable à toujours, nous y avons fait mettre notre scel. DONNÉ à Versailles au mois d'Avril, l'an de grace mil sept cent soixante-onze, & de notre règne le cinquante-sixième. *Signé*, LOUIS.

Et plus bas, Par le Roi. *Signé*, PHELYPEAUX *Viſa* DE MAUPEOU, *pour ſuppreſſion & création d'Offices dans le Parlement de Paris.* Et ſcellé du grand ſceau de cire verte, en lacs de ſoie rouge & verte.

Enſuite, M. le Chancelier monté vers le Roi pour prendre ſa volonté, ayant mis un genou en terre, a été aux opinions à M. le Dauphin, à M. le Comte de Provence, à M. le Comte d'Artois; à M. le Comte de la Marche, Prince du Sang; à M.rs les Pairs Laïcs, M.rs les Grand-Ecuyer & Grand-Chambellan, eſt revenu paſſer devant le Roi, lui a fait une profonde révérence, a pris l'avis de M.rs les Pairs Eccléſiaſtiques & Maréchaux de France venus avec le Roi, des Capitaines des Gardes-du-corps du Roi & du Capitaine des Cent-Suiſſes.

Puis deſcendant dans le Parquet, à M.rs les Conſeillers d'Etat & Maîtres des Requêtes tenant le Parlement, à M.rs les Conſeillers d'Etat & Maîtres des Requêtes venus avec lui, à M.rs du Grand-Conſeil, & aux Secrétaires d'Etat, eſt remonté vers le Roi comme ci-deſſus; redeſcendu, aſſis & couvert, a prononcé :

» Le Roi ſéant en ſon Lit de Juſtice, a ordonné & ordonne » que l'Edit qui vient d'être lû, ſera enrégiſtré au Greffe de ſon » Parlement; & que ſur le repli d'icelui, il ſoit mis que lecture en » a été faite & l'enrégiſtrement ordonné, ouï ſon Procureur général, » pour être le contenu en icelui exécuté ſelon ſa forme & teneur.

Pour la plus prompte exécution de ce qui vient d'être ordonné, le Roi veut que par le Commis faiſant les fonctions de Greffier en chef de ſon Parlement, il ſoit mis préſentement ſur le repli de l'Edit qui vient d'être publié, ce que Sa Majeſté a ordonné qui y fût mis.

Lû, publié, le Roi ſéant en ſon Lit de Juſtice, & regiſtré, ouï le Procureur général du Roi, pour être exécuté ſelon ſa forme & teneur; & copies collationnées d'icelui envoyées aux Bailliages & Sénéchauſſées du reſſort de la Cour, pour y être lû, publié & regiſtré : Enjoint aux Subſtituts du Procureur général du Roi d'y tenir la main & d'en certifier ladite Cour au mois; ſeront pareillement copies collationnées envoyées aux Conſeils ſupérieurs, pour y être lû, publié & regiſtré conformément à l'Edit du mois de Février dernier. Fait en Parlement, le Roi ſéant en ſon Lit de Juſtice, au château de Verſailles, le treize Avril mil ſept cent ſoixante-onze. Signé, *YSABEAU.*

M. le Chancelier étant ensuite monté vers le Roi, agenouillé à ses pieds pour recevoir ses ordres, descendu, remis en sa place, assis & couvert, a dit :

MESSIEURS,

« Il manquoit encore quelque chose aux vues bienfaisantes du » Roi, & ses Peuples attendoient une nouvelle preuve de sa bonté » ou plutôt un nouveau trait de sa justice.

» Des Tribunaux supérieurs leur offroient, dans le sein des » provinces mêmes, des moyens d'assurer leurs propriétés ; mais » les ressources contre l'inégalité dans la répartition des impôts, & » contre les abus dans leur perception, étoient toujours loin d'eux, » ils avoient à gémir & du mal même & de la lenteur, souvent » de l'inutilité du remède.

» Des conflits de Juridiction arrêtoient les réclamations des » contribuables.

» Sa Majesté les affranchit aujourd'hui de ces malheureuses en- » traves, Elle va par cette opération ranimer le courage de ses » Peuples, & rendre à l'industrie tout son ressort & toute son » activité. »

Après quoi M. le premier Président & tous les Présidens & Conseillers ont mis le genou en terre ; M. le Chancelier ayant dit : *Le Roi ordonne que vous vous leviez*, ils se sont levés, & restés debout & découverts, M. le premier Président a dit :

SIRE,

Nous persistons dans les dispositions que nous avons eu l'honneur d'exposer à Votre Majesté, silence, respect, soumission.

Son discours fini, M. le Chancelier est monté vers le Roi pour prendre ses ordres, le genou en terre ; descendu, remis en sa place, assis & couvert, a ordonné au principal Commis du Greffe de faire la lecture de l'Edit.

M.e Ysabeau principal Commis du Greffe, s'étant approché

de M. le Chancelier pour prendre de ſa main ledit Edit, lui retiré à ſa place en a fait lecture debout & découvert; après laquelle lecture M. le Chancelier a dit aux Gens du Roi qu'ils pouvoient parler. Auſſi-tôt les Gens du Roi ſe ſont mis à genoux.

M. le Chancelier leur a dit que le Roi ordonnoit qu'ils ſe levaſſent. Ils ſe ſont levés; & debout & découverts, Me Antoine-Louis Seguier, Avocat du Roi, portant la parole, ont dit :

SIRE,

Il eſt affligeant pour notre Miniſtère d'être obligé de conſommer l'anéantiſſement d'un Corps auſſi ancien dans l'Etat. Les droits de Votre Majeſté pourront en ſouffrir un préjudice conſidérable, par le peu d'habitude des nouveaux Officiers de traiter de pareilles matières. Nous ſupprimons toutes autres conſidérations; &, du très-exprès commandement de Votre Majeſté que ſa préſence nous impoſe, nous requérons qu'il ſoit mis au bas de l'Edit, dont lecture vient d'être faite, qu'il a été lû, publié, Votre Majeſté ſéant en ſon Lit de Juſtice, & enrégiſtré pour être exécuté ſelon ſa forme & teneur.

EDIT DU ROI,

Portant ſuppreſſion de la Cour des Aides de Paris.

Donné à Verſailles au mois d'Avril 1771.

Regiſtré en Parlement.

LOUIS, PAR LA GRACE DE DIEU, ROI DE FRANCE ET DE NAVARRE : A tous préſens & à venir; SALUT. Si la ſituation actuelle de nos finances ne nous permet pas de diminuer la maſſe des impoſitions, Nous nous empreſſons du moins de donner à une partie de nos Peuples des reſſources plus promptes & moins diſpendieuſes contre les abus dans la perception de nos droits. Ils trouveront dans notre Parlement de Paris & dans les Conſeils formés en conséquence de notre Edit du mois de Février dernier, une justice gratuite, des défenseurs connus, & des Juges, qui placés plus près d'eux, sentiront mieux tous leurs maux, & se hâteront de les réparer; enfin ils ne seront plus exposés à des conflits de Juridiction qui les fatiguent par des longueurs, & les épuisent en procédures inutiles. Si pour procurer ces avantages à nos Peuples, nous sommes obligés de supprimer notre Cour des Aides de Paris, les Magistrats qui la composent, obtiendront de notre Justice les dédommagemens qui leur sont dûs; & leur zèle éprouvé pour le bien public, leur fera trouver encore une compensation particulière dans le bonheur de nos sujets. A CES CAUSES, & autres à ce nous mouvant, de l'avis de notre Conseil, & de notre certaine science, pleine puissance & autorité royale, Nous avons, par notre présent Edit, perpétuel & irrévocable, dit, statué & ordonné; disons, statuons & ordonnons, voulons & nous plaît ce qui suit.

ARTICLE PREMIER.

Nous avons éteint & supprimé, éteignons & supprimons notre Cour des Aides de Paris; voulons que toutes les matières dont la connoissance lui a été attribuée par Nous & par les Rois nos Prédécesseurs, soient portées à l'avenir en notre Cour de Parlement de Paris, ou en ceux de nos Conseils supérieurs établis par notre Edit du mois de Février dernier, dans l'arrondissement desquels les causes, instances & procès auront pris naissance; le tout conformément à l'état annexé sous le contre-scel de notre présent Edit.

II.

Les siéges qui ressortissoient ci-devant en notre Cour des Aides de Paris, continueront de connoître, comme par le passé, de toutes les affaires qui sont de leur compétence, & ressortiront à l'avenir, ou en notre Cour de Parlement de Paris, ou en nos Conseils supérieurs, conformément a l'article I.er

III.

Les appels des Elections de Barbesieux, Saint-Jean-d'Angely & Saintes, & du Juge des fers de Dijon, se relèveront en notre

Parlement de Paris, jusqu'à ce qu'il en ait été autrement par Nous ordonné.

IV.

Voulons que les causes, instances & procès actuellement pendans & indécis en notre Cour des Aides, soient instruits & jugés suivant les derniers erremens, en notre Cour de Parlement de Paris, à laquelle nous attribuons, à cet effet, toute Cour, juridiction & connoissance.

V.

Notre Cour de Parlement de Paris & nosdits Conseils supérieurs, seront tenus de se conformer, dans le jugement desdites causes, instances & procès, aux Edits, Déclarations & Lettres patentes enrégistrés en notredite Cour des Aides, que nous voulons & entendons être exécutés.

VI.

Voulons qu'aussi-tôt après la publication & enrégistrement de notre présent Edit; il soit procédé en la manière ordinaire, à la liquidation de tous les Offices de notredite Cour des Aides; à l'effet de quoi les propriétaires de la finance desdits Offices seront tenus de remettre leurs titres de propriété, quittances de finance & autres pièces, ès mains du Contrôleur général de nos finances, pour être pourvu au remboursement du prix desdits Offices, ainsi qu'il appartiendra : Voulons qu'en attendant que ledit remboursement soit effectué, les propriétaires desdites finances soient payés de l'intérêt, à raison de Cinq pour cent, de la somme principale à laquelle lesdites finances auront été liquidées.

VII.

Avons accordé par grace & sans tirer à conséquence, à ceux des pourvus desdits Offices qui obtiendront notre agrément à l'effet d'entrer dans un autre corps de Magistrature, l'exemption de tous droits de marc d'or & de provisions, lesquelles leur seront expédiées sans frais.

VIII.

Les minutes des Greffes de notredite Cour des Aides seront

incessamment transportées au lieu qui sera par nous destiné, & confiées à la garde de celui qui sera par nous à ce commis. Si donnons en mandement à nos Amés & féaux Conselliers les Gens tenant notre Cour de Parlement à Paris, que notre présent Edit ils aient à faire lire, publier & registrer, & le contenu en icelui garder, observer & exécuter selon sa forme & teneur : Car tel est notre plaisir; & afin que ce soit chose ferme & stable à toujours, nous y avons fait mettre notre scel. Donné à Versailles au mois d'Avril, l'an de grace mil sept cent soixante-onze, & de notre règne le cinquante-sixième. *Signé*, LOUIS. *Et plus bas*, Par le Roi. *Signé*, Phelypeaux. *Visa*, de Maupeou, *pour suppression de la Cour des Aides.* Et scellé du grand sceau de cire verte, en lacs de soie rouge & verte.

ÉTAT des Élections, Greniers à Sel, Juges des Traites & Juges de la marque des Fers, ressortissans aux Conseils Supérieurs.

*Conseil supérieur d'*ARRAS.

ELECTIONS.	GRENIERS A SEL.	JUGES des TRAITES	JUGES des FERS.
		Bapaume. Boulogne-sur-mer Calais. Dunkerque. Hesdin. Montreuil-sur-mer.	

Conſeil Supérieur de BLOIS.

ELECTIONS.

Amboiſe.
Angers.
Beaugé,
Blois.
Bourges.
Château-du-Loir.
Châteaudun.
Château Gontier.
Châteauroux.
Chinon.
Iſſoudun.
La Châtre.
La Fléche.
Laval.
Le Blanc.
Le Mans.
Loches.
Mayenne.
Saint-Amand.
Tours.
Vendôme.

GRENIERS A SEL.

Amboiſe.
Angers
Argenton.
Aubigny.
Ballon.
Beaufort-en-vallée.
Beaugé.
Blois.
Bonneſtable.
Boulouere.
Bourges.
Briſſac.
Buſançois.
Caudé.
Celles.
Château-du-Loir.
Château-Gontier.
Chinon.
Cheverny.
Chollet.
Craon.
Ernée.
Henrichemont.
Ingrande.
Iſſoudun.
La Châtre.
La Ferté-Bernard.
La Flèche.
La Haye.
Langeais.
Larſay.
Laval.
Le Lude.
Le Mans.
Loches.
Loué.
Malicorne.
Mayenne.
Mer.
Mondoubleau.
Montoire.
Montrichard.
Neufvy.
Pouencey.
Preuilly.
Romorantin.
Sablé.
Saint-Amand.
Saint-Florent le-vieux.
Sainte-Maure.
Sainte-Suzanne.
Sancerre.
Sillé-le-Guillaume.
Tours.
Vierſon.
Villequier.
Villiers.

JUGES DES TRAITES.

Angers.
Châteauroux.
La Châtre.
Laval.
Le Blanc.
Saint-Benoît-du-Sault.

JUGES DES FERS.

Le Mans.

Conseil Supérieur de CHALONS-SUR-MARNE.

ELECTIONS.	GRENIERS A SEL.	JUGES DES TRAITES.	JUGES DES FERS.
Bar-ſur-Aube.	Arcis-ſur-Aube.	Châlons.	Chaumont - en-Baſſigny.
Bar-ſur-Seine.	Bar-ſur-Aube.	Charleville.	Saint-Dizier.
Châlons.	Bar-ſur-Seine.	Chaumont - en-Baſſigny.	Sedan.
Chaumont - en-Baſſigny.	Beaufort-Montmorency.	Joinville.	
Epernay.	Châlons.	Langres.	
Joinville.	Châteauporcien.	Mézieres.	
Langres.	Chaumont - en-Baſſigny.	Montfaucon.	
Rethel-Mazarin.	Epernay.	Rethel-Mazarin.	
Ste. Menehould.	Joinville.	Saint-Dizier.	
Troyes.	Montſaugeon.	Ste. Menehould.	
Vitry-le françois.	Muſſy-Lévéque.	Sedan.	
	Saint-Dizier.	Troyes.	
	Ste. Menehould.	Vaucouleurs.	
	Troyes.	Vitry-le-françois.	
	Villacref.		
	Villemort.		
	Vitry-le-françois.		

Conseil Supérieur de CLERMONT-FERRAND.

ELECTIONS.	GRENIERS A SEL.	JUGES DES TRAITES.	JUGES DES FERS.
Château-Chinon.	Ancenis.	Gannat.	Nevers.
Gannat.	Château-Chinon.	Montaigu.	
La Charité.	Decize.	Montluçon.	
Montluçon.	Gannar.	Nevers.	
Moulins.	Luzy.	Vichy.	
Nevers.	Montluçon.		
	Moulins.		
	Moulins-Engilbert		
	Nevers.		
	Saint Pierre-le-Moutier.		
	Saint-Sauge.		
	Vichy.		

Conseil Supérieur de LYON.

ELECTIONS.	GRENIERS A SEL.	JUGES DES TRAITES.	JUGES DES FERS.
Lyon.	Beaujeu.	Lyon.	
Mâcon.	Belleville.	Mâcon.	
Montbrison.	Bourg-Argental.	Roanne.	
Roanne.	Cervières.	Saint-Bonnet.	
Saint Etienne-en Forés.	Charlieu.	Saint-Chaumont.	
Villefranche.	Clugny.	Sainte-Colombe.	
	Condrieux.	Saint-Etienne.	
	Fleurs.		
	La Clayette.		
	Lyon.		
	Montbrison.		
	Roanne.		
	Saint-bonnet.		
	Saint-Chaumont.		
	Sainte-Colombe.		
	Saint-Etienne.		
	Saint - Gengoux-le-royal.		
	St. Symphorien.		
	Tizy.		
	Tournus.		
	Villefranche.		

Conſeil Supérieur de POITIERS.

ELECTION.	GRENIERS A SEL.	JUGES DES TRAITES.	JUGES DES FERS.
Angoulême.	Loudun.	Châtillon-ſur-Seure.	Angoulême.
Bourgneuf.	Mirebeau.	Civray.	Poitiers.
Châtelleraut.	Richelieu.	La Rochelle.	
Châtillon-ſur-Seure.	Saumur.	Niort.	
Coignac.		Sables-d'Olonne.	
Confolens.		Tonnay-Charente.	
Fontenay-le-Comte.			
Loudun.			
La Rochelle.			
Marennes.			
Niort.			
Poitiers.			
Richelieu.			
Sables d'Olonne.			
Saint-Maixant.			
Saumur.			
Thouars.			

FAIT & arrêté au Conſeil d'État du Roi, Sa Majeſté y étant, tenu à Verſailles le treize Avril mil ſept cent ſoixante-onze.

Signé, PHELYPEAUX.

Enſuite, M. le Chancelier monté vers le Roi pour prendre ſa volonté, ayant mis un genou en terre, a été aux opinions à M. le Dauphin, à M. le Comte de Provence, à M. le Comte d'Artois; à M. le Comte de la Marche, Prince du Sang; à M.[rs] les Pairs Laïcs, M.[rs] les Grand-Écuyer & Grand-Chambellan, eſt revenu paſſer devant le Roi, lui a fait une profonde réverence, a pris l'avis de M.rs les Pairs Ecclésiastiques & Maréchaux de France venus avec le Roi, des Capitaines des Gardes-du-corps du Roi & du Capitaine des Cent-Suisses.

Puis descendant dans le Parquet, à M.rs les Conseillers d'État & Maîtres des Requêtes tenant le Parlement, à M.rs les Conseillers d'État, & Maîtres des Requêtes venus avec lui, à M.rs du Grand-Conseil, & aux Secrétaires d'État, est remonté vers le Roi comme ci-dessus; redescendu, assis & couvert, a prononcé :

„ Le Roi séant en son Lit de Justice, a ordonné & ordonne „ que l'Édit qui vient d'être lû, sera enrégistré au Greffe de son „ Parlement; & que sur le repli d'icelui, il soit mis que lecture en „ a été faite & l'enrégistrement ordonné, ce requérant son Pro- „ cureur général, pour être le contenu en icelui exécuté selon sa „ forme & teneur.

„ Pour la plus prompte exécution de ce qui vient d'être ordonné, „ le Roi veut que par le Greffier en chef de son Parlement, il soit „ mis présentement sur le repli de l'Édit qui vient d'être publié, „ ce que Sa Majesté a ordonné qui y fût mis.

Lû, publié, le Roi séant en son Lit de justice, & registré, oui & ce requérant le Procureur général du Roi, pour être exécuté selon sa forme & teneur; & copies collationnées d'icelui envoyées aux Bailliages & Sénéchaussées du ressort de la Cour, aux Elections, Greniers à Sel, Bureaux des Traites & autres, pour y être lû, publié & registré : Enjoint aux Substituts du Procureur général du Roi d'y tenir la main & d'en certifier ladite Cour au mois; seront pareillement copies collationnées envoyées aux Conseils supérieurs, pour y être lû, publié & registré conformément à l'Edit du mois de Février dernier. Fait en Parlement, le Roi séant en son Lit de Justice au Château de Versailles, le treize Avril mil sept cent soixante-onze. Signé, YSABEAU.

M. le Chancelier étant ensuite monté vers le Roi, agenouillé à ses pieds pour recevoir ses ordres, descendu, remis en sa place, assis & couvert, a dit à M.rs du Grand-Conseil :

MESSIEURS,

Vous futes créés pour rendre la justice à tous les Sujets du Roi.

Vos sermens leur donnent à tous des droits sur votre Ministère, « & c'est à Sa Majesté seule qu'il appartient de fixer & de déterminer l'objet du vœu qui vous lie aux fonctions de la Magistrature. «

Vous avez jusqu'ici rempli votre destination avec gloire, & « vous n'avez trompé ni les vœux de la France qui sollicita votre établissement, ni l'espérance du Monarque qui daigna l'accorder à ses desirs. «

Toujours fidèles au dépôt de l'autorité, vous l'avez respecté « vous-mêmes, en le faisant respecter aux Peuples; & jamais vous n'en futes plus dignes que quand vous remettiez dans les mains de Sa Majesté un pouvoir que des obstacles étrangers rendoient impuissant & inutile dans les vôtres. «

Sûre de votre soumission, Elle assigne aujourd'hui à vos fonctions un territoire particulier, mais elle ne borne la sphère de votre activité que pour lui donner une nouvelle énergie, & la rendre encore plus utile. «

Chargés de veiller sur une portion de ses Sujets, occupés constamment de leur bonheur, vous acquerrez chaque jour de nouveaux droits à sa confiance, en justifiant la leur. «

Organes de leurs besoins, vous solliciterez pour eux ses bienfaits, & en ajoutant sans cesse à leur reconnoissance pour Elle, vous resserrerez ces nœuds de tendresse & d'affection, d'amour & de fidélité qui doivent unir le Monarque & les Peuples, mais qui se relâcheroient & se briseroient bientôt, si un pouvoir nouveau s'élevoit entre un Roi qui ne voit que des enfans dans ses Sujets, & des Sujets qui, dans leur Maître, ne reconnoissent que leur Père. «

Livrez-vous à des fonctions augustes qu'ennoblit encore pour vous le choix du Roi qui vous les confie; l'intérêt public vous y appelle, vos sermens vous en font une loi, Sa Majesté l'attend de votre zèle & l'exige de votre obéissance. «

Après quoi M. le premier Président & tous les Présidens &

Conseillers ont mis le genou en terre; M. le Chancelier ayant dit: *le Roi ordonne que vous vous leviez*, ils se sont levés, & restés debout & découverts, M. le premier Président a dit.

SIRE,

Nos sentimens sont les mêmes sur cet Édit que sur les deux autres.

Son discours fini, M. le Chancelier est monté vers le Roi pour prendre ses ordres, le genou en terre, descendu, remis en sa place, assis & couvert, a ordonné au principal Commis du Greffe de faire la lecture de l'Edit.

Me. Dufranc, principal Commis du Greffe, s'étant approché de M. le Chancelier pour prendre de sa main ledit Edit, lui retiré à sa place en a fait lecture debout & découvert; après laquelle lecture M. le Chancelier a dit aux Gens du Roi qu'ils pouvoient parler. Aussi-tôt les Gens du Roi se sont mis à genoux.

M. le Chancelier leur a dit que le Roi ordonnoit qu'ils se levassent. Ils se sont levés, & debout & découverts, M.e Antoine-Louis Seguier, Avocat du Roi, portant la parole, ont dit:

SIRE,

„ " Nos priéres & nos supplications ont été inutiles: Votre
„ Majesté a ordonné l'enrégistrement de son premier Edit, après
„ cet acte du pouvoir absolu de votre Majesté, nous ne pourrions
„ que présenter en vain les mêmes réflexions; mais c'est à la
„ Personne seule de votre Majesté que nous faisons le Sacrifice
„ de nos propres sentimens. Nous lui rendons l'obéissance aveugle
„ qu'Elle nous impose; & après l'avoir assurée que c'est contre le
„ témoignage de notre conscience, dont nous déposons au pied du
„ Trône la réclamation authentique, du très-exprès commande-
„ ment de votre Majesté, que sa présence nous impose, nous re-
„ quérons qu'il soit mis au bas de l'Edit, dont lecture vient d'être

faite, qu'il a été lû, publié, Votre Majesté séant en son Lit de Justice, & enrégistré pour être exécuté selon sa forme & teneur.

EDIT DU ROI,

Portant suppression du Grand-Conseil.

Donné à Versailles au mois d'Avril 1771.

Regiſtré en Parlement.

LOUIS, PAR LA GRACE DE DIEU, ROI DE FRANCE ET DE NAVARRE : A tous présens & à venir ; SALUT. Les vœux des Peuples & la multitude des affaires dont étoit surchargé le Parlement de Paris, déterminèrent le Roi Charles VIII. notre Prédécesseur, à destiner une partie des Membres de son Conseil pour former à sa suite un Tribunal, qui, sans territoire fixe, seroit juge de toutes les causes que la sagesse des Rois leur dicteroit d'y évoquer ; le Grand-Conseil fut appellé à partager les fonctions des Cours, il fut comme elles le dépositaire des loix & l'organe du Législateur. Les Conseils supérieurs que nous avons formés dans le ressort de notre Parlement de Paris, & les bornes que nous avons prescrites au droit de *Committimus*, nous ont rendu ce Tribunal moins nécessaire, & nous nous serions portés à rappeller auprés de nous les Membres qui le composent, si nous n'avions senti que jouissant d'une confiance qu'ils ont toujours méritée par leur zéle, par leurs lumières, & par leur désintéressement, ils pouvoient nous servir plus utilement dans notre Parlement de Paris : Dans cette vue, nous avons résolu de fixer, & de déterminer aux fonctions de cette Cour l'objet du vœu général qu'ils ont fait de rendre la justice à nos Sujets, & du serment par lequel ils s'y sont engagés ; & nous avons en conséquence supprimé la dénomination de *Grand-Conseil*, & les Offices qui y avoient été attachés. A CES CAUSES & autres à ce nous mouvant, de l'avis de notre Conseil, & de notre certaine science, pleine puissance &

autorité royale, Nous avons par notre présent Edit, perpétuel & irrévocable, dit statué & ordonné; disons, statuons, & ordonnons, voulons & nous plaît ce qui suit.

ARTICLE PREMIER.

Nous avons éteint & supprimé, éteignons & supprimons tous les Offices de Présidens & Conseillers de notre Grand-Conseil, ainsi que ceux de nos Avocats généraux, de notre Procureur général, de huit Substituts, du Greffier en chef, du premier Huissier, & de quatre nos Conseillers-Notaires-Secrétaires, servant près notredit Grand-Conseil.

I I.

Les principaux Commis du Greffe, le Greffier-Garde-sacs & des dépôts, celui des présentations & affirmations, les Payeurs & Contrôleurs des gages, & les vingt Huissiers de notredit Grand-Conseil, demeureront pareillement éteints & supprimés, comme nous les éteignons & supprimons par notre présent Edit.

I I I.

Il sera incessamment pourvu au remboursement des finances des Offices desdits Conseillers de notre Grand-Conseil, conformément à la liquidation qui en a été faite en exécution de notre Edit du mois de Janvier 1768: Voulons qu'en attendant que ledit remboursement soit effectué, les Propriétaires desdites finances, soient payés de l'intérêt à raison de Cinq pour cent, de la somme principale à laquelle lesdites finances ont été liquidées.

I V.

Et à l'égard des autres Offices de notredit Grand-Conseil, dénommés aux articles I.er & II. ci-dessus, voulons qu'il soit procédé à leur liquidation en la manière ordinaire, aussi-tôt après la publication & l'enrégistrement de notre présent Edit; à l'effet de quoi les Propriétaires de la finance desdits Offices seront tenus de remettre leurs titres de propriété, quittances de finances & autres pièces, ès mains du Contrôleur général de nos finances, pour être pourvu au remboursement du prix desdits Offices, ainsi qu'il appartiendra.

V.

Déclarons que nous entendons nous charger de l'acquittement

des rentes & dettes que notredit Grand-Conſeil auroit pu contracter par conſtitution de rente ou autre emprunt; à l'effet de quoi, ſera par notre Procureur général audit Grand-Conſeil, remis ès mains du Contrôleur général de nos finances, un état ſigné & certifié véritable, contenant la qualité & quotité deſdites dettes, & le nom des créanciers, pour, ſur ledit état, être fait fonds ès mains de celui qui ſera par nous à ce prépoſé, du montant deſdites rentes ou dettes, & être chaque partie d'icelles délivrée auxdits créanciers ſur leurs quittances, en la manière accoutumée, tant & ſi long-temps que leſdites rentes auront cours, & juſqu'à ce qu'il nous ait plu d'en ordonner le rembourſement: Voulons que tous les Officiers de notredit Grand-Conſeil demeurent déchargés, comme nous les déchargeons par notre préſent Edit, de tout acquittement deſdites dettes; faiſant défenſes de faire à ce ſujet aucune demande & pourſuite contr'eux, à peine de nullité.

VI.

Nous avons évoqué & évoquons à Nous & à notre Conſeil, les affaires dont la connoiſſance avoit été précédemment attribuée à des Commiſſaires de notre Conſeil, & qui ont été par Nous renvoyées en notredit Grand-Conſeil, en exécution de l'article XII. de notre Edit du mois de Janvier 1768; voulons que leſdites affaires continuent d'être inſtruites en notredit Conſeil, ſuivant les derniers erremens, & jugées par les Commiſſaires qui ſeront par Nous à cette fin commis & députés.

VII.

Avons pareillement évoqué à Nous & à notre Conſeil, les conteſtations concernant l'indult de notre Parlement de Paris, ainſi que les demandes en contrariété d'arrêts ou jugemens en dernier reſſort, rendus entre les mêmes parties en différentes Cours & Juridictions, & dont notredit Grand-Conſeil avoit droit de connoître; voulons que leſdites affaires ſoient inſtruites & jugées en notre Conſeil d'Etat privé.

VIII.

Voulons que tout ce qui concerne l'exécution des arrêts rendus en notre Conſeil, le criminel incident aux inſtances qui y ſont inſtruites, le payement des honnoraires des Avocats en notre Conſeil, ainſi que les inſtances d'ordre & diſtribution de deniers provenant des ventes des Offices adjugés en la grande Direction de nos finances, ou en notre grand Sceau, soient à l'avenir portées par-devant les Srs. Maîtres des Requêtes ordinaires de notre Hôtel, pour être toutes lesdites affaires instruites en la forme ordinaire & suivant les derniers erremens, & être ensuite jugées souverainement & en dernier ressort par lesdits sieurs Maîtres des Requêtes ordinaires de notre Hôtel, comme avant notredit Edit du mois de Janvier 1768.

IX.

Les appels de la Prévôté de notre Hôtel, seront à l'avenir portés par-devant lesdits sieurs Maîtres des Requêtes ordinaires de notre Hôtel, pour être par eux jugés souverainement & en dernier ressort; leur attribuant à cet effet toute Cour, Juridiction & connoissance, & l'interdisant à nos autres Cours & Juges.

X.

En ce qui concerne les conflits de juridiction en matière Présidiale ou Prévôtale, nous nous réservons d'y pourvoir par tel règlement qu'il appartiendra; voulons que jusqu'à ce, ils soient portés en notre Conseil d'Etat privé, en la forme qui sera par nous prescrite.

XI.

Renvoyons à notre Parlement de Paris, toutes les autres affaires dont la connoissance avoit été attribuée à notredit Grand-Conseil par les Rois nos Prédécesseurs; à la charge de se conformer aux dispositions des Edits, Déclarations & Lettres patentes enrégistrés en notredit Grand-Conseil, & notamment à celles de notredit Edit du mois de Janvier 1768, voulons en conséquence que celles desdites affaires, tant civiles que criminelles, qui seroient actuellement pendantes en notredit Grand-Conseil, soient instruites & jugées en notredite Cour de Parlement de Paris, suivant les derniers erremens; à l'effet de quoi nous autorisons ceux des Avocats en nos Conseils, qui sont chargés de l'instruction desdites affaires, à la continuer en notre Parlement de Paris

XII.

Les Présidens de notredit Grand-Conseil, continueront de jouir pendant le temps que devoient durer leurs commissions, des gages que

que nous leur avions attribués, à l'effet de quoi ils feront pendant ledit temps employés dans nos Etats.

XIII.

Et defirant pareillement donner à ceux qui font pourvus des Offices de Confeillers de notredit Grand-Confeil, des témoignages de la fatisfaction que nous avons de leurs fervices, & de la confiance dont nous les honorons, nous les avons conftitués & établis, conftituons & établiffons Confeillers en notre Cour de Parlement de Paris, pour tenir & exercer dorénavant lefdits Offices, & en jouir, aux droits, honneurs, priviléges & préféance attribués par Nous & par les Rois nos Prédéceffeurs, auxdits Offices & à ceux de Confeillers au Grand-Confeil.

XIV.

Voulons que lefdits Confeillers foient inftallés dans notredite Cour de Parlement de Paris, en vertu de notre préfent Edit, fans qu'il foit befoin pour chacun d'eux, de provifions particulières, & qu'ils y prennent entr'eux rang & féance, fuivant l'ordre de leur réception en notredit Grand-Confeil.

XV.

Tous ceux qui avoient entrée honoraire, féance & voix délibérative en notredit Grand-Confeil, jouiront pareillement en notredite Cour de Parlement de Paris, en vertu de notre préfent Edit, des mêmes féances & prérogatives; à l'exception toutefois des Maîtres des Requêtes ordinaires de notre Hôtel, lefquels continueront de n'affifter en ladite qualité, qu'au nombre de quatre, aux féances ordinaires de notredite Cour de Parlement.

XVI.

Toutes les minutes des Greffes de notredit Grand-Confeil, ainfi que fa Bibliothèque, feront inceffamment tranfportées au lieu ordinaire des féances de notredite Cour de Parlement de Paris, & confiées à la garde de celui qui fera par Nous à ce commis. Si donnons en mandement à nos amés & féaux Confeillers les Gens tenant notre Cour de Parlement à Paris, que notre préfent Edit ils aient à faire lire, publier & régiftrer, & le contenu en icelui garder, obferver & exécuter felon fa forme & teneur: Car tel est notre plaisir; & afin que ce foit chofe ferme & ftable à toujours, nous y avons fait mettre notre scel. Donné à Versailles au mois d'Avril, l'an de grace mil sept cent soixante-onze, & de notre règne le cinquante-sixième, *Signé*, LOUIS. *Et plus bas*, Par le Roi. *Signé*, Phelypeaux. *Visa* De Maupeou, *pour suppression du Grand-Conseil.* Et scellé du grand sceau de cire verte, en lacs de soie rouge & verte.

Ensuite, M. le Chancelier monté vers le Roi pour prendre sa volonté, ayant mis un genou en terre, a été aux opinions à M. le Dauphin, à M. le Comte de Provence, à M. le Comte d'Artois; à M. le Comte de la Marche, Prince du Sang; à M.rs les Pairs Laïcs, M.rs les Grand-Ecuyer & Grand-Chambellan, est venu passer devant le Roi, lui a fait une profonde révérence, a pris l'avis de M.rs les Pairs Ecclésiastiques & Maréchaux de France venus avec le Roi, des Capitaines des Gardes-du-Corps du Roi & du Capitaine des Cent-Suisses.

Puis descendant dans le Parquet, à M.rs les Conseillers d'Etat & Maîtres des Requêtes tenant le Parlement, à M.rs les Conseillers d'Etat & Maîtres des Requêtes venus avec lui, à M.rs du Grand-Conseil, & aux Secrétaires d'Etat, est remonté vers le Roi comme ci-dessus; redescendu, assis & couvert, a prononcé:

» Le Roi, séant en son Lit de Justice, a ordonné & ordonne „ que l'Edit qui vient d'être lû, sera enrégistré au Greffe de son „ Parlement; & que sur le repli d'icelui, il soit mis que lecture en a „ été faite & l'enrégistrement ordonné, ce requérant son Pro- „ cureur général, pour être le contenu en icelui exécuté selon sa „ forme & teneur.

„ Pour la plus prompte exécution de ce qui vient d'être ordonné, „ le Roi veut que par le Greffier en chef de son Parlement, „ il soit mis présentement sur le repli de l'Edit qui vient d'être „ publié, ce que Sa Majesté a ordonné qui y fût mis.

Lu & publié, le Roi séant en son Lit de Justice, ouï & ce requérant le Procureur général du Roi, pour être exécuté selon sa forme & teneur. Fait en Parlement, le Roi séant en son Lit de Justice, au Château de Versailles, le treize Avril mil sept cent soixante-onze. Signé, YSABEAU.

Le Duplicata de cet Edit a été enrégistré au Grand-Conseil,

Ensuit le Discours de M. le Chancelier à M.[s] du Conseil :

MESSIEURS,

» Vous avez rempli les vues de Sa Majesté avec tout le zèle & toute la fidélité qu'Elle attendoit de vous. «

Elle vous rappelle aujourd'hui à vos fonctions, mais Elle doit une récompense à votre zèle, & cette récompense sera de vous occuper a un nouveau travail & de multiplier pour vous les moyens d'être utiles à ses Peuples ; c'est la seule que vous desiriez & la plus glorieuse que le Roi puisse vous accorder. «

Ensuite le Roi a dit :

» Vous venez d'entendre mes volontés.

Je vous ordonne de vous y conformer & de commencer vos fonctions dès Lundi. «

Mon Chancelier vous installera aujoud'hui. «

Je défends toute délibération contraire à mes Edits, & toute démarche au sujet des anciens Officiers de mon Parlement. «

Je ne changerai jamais. »

Après quoi le Roi s'est levé & est sorti dans le même ordre qu'il étoit entré. *Signé* YSABEAU.

SÉANCE DE M. LE CHANCELIER *AU PARLEMENT*,

Pour l'Installation des Officiers créés par l'Édit de ce jour.

Du Samedi treize Avril mil sept cent soixante-onze, après midi.

APrès le Lit de Justice, le Roi, rentré dans son appartement, a reçu le serment de M. Bertier de Sauvigny, Conseiller d'Etat & Intendant de Paris, en qualité de premier Président du Parlement de Paris.

M.rs les Magiſtrats qui ont compoſé le Lit de Juſtice ſe ſont rendus chez M. le Chancelier.

Après le dîné, M.rs du Parlement ſont partis en corps de Cour, de la Chancellerie de Verſailles, dans leurs équipages.

Dans un carroſſe à ſix chevaux, de M. le Chancelier, étoient les Secrétaires & Gentilshommes de M. le Chancelier, & le Lieutenant de la Prévôté de l'Hôtel, ſervant près ſa perſonne.

Dans un autre carroſſe de M. le Chancelier, à ſix chevaux, étoient les Huiſſiers de la Cour.

Dans un troiſième carroſſe de M. le Chancelier, à ſix chevaux, étoient les Secrétaires de la Cour, Greffiers & premier Huiſſier.

Dans le quatrième, à ſix chevaux, précédé d'un Ecuyer, de deux Valets-de-chambre à cheval, & des deux Gardes de la Prévôté, ſervant près la perſonne de M. le Chancelier, étoient M. le Chancelier dans le fond du carroſſe, à la droite, vêtu de ſa robe de velours noir; M. d'Agueſſeau à ſa gauche; ſur le devant M.rs de la Galaiſière & d'Ormeſſon, Conſeillers d'Etat.

Les carroſſes de M.rs les Conſeillers d'Etat & Maîtres des Requêtes, qui accompagnoient M. le Chancelier, étoient à la ſuite.

Les carroſſes de M. le premier Préſident, de M.rs les Conſeillers au Parlement & de M.rs les Gens du Roi ſuivoient après.

Les carroſſes étoient eſcortés du détachement de la Robe-courte, qui avoient accompagné le matin le Parlement au Lit de Juſtice.

Sur le chemin, la Cour a trouvé les brigades de Maréchauſſées aux lieux ordinaires.

A la place de Louis XV, un détachement du Guet à cheval, qui l'à accompagné au Palais.

Le Guet à pied s'eſt trouvé ſur ſon paſſage dans les lieux ordinaires.

La Cour eſt arrivée en cet ordre à l'Hôtel de M. le premier

Préfident; enfuite elle s'eft rendue à la grand-Chambre; chacun ayant pris fa féance, M. Langelé a fait le rapport des provifions de M. Bertier de Sauvigny, premier Préfident, de fa requête à fin de réception audit Office, & des conclufions des Gens du Roi.

Après quoi M. le Chancelier lui a fait prêter ferment, & lui a fait prendre place à côté de lui.

M. Langelé a fait le rapport enfuite fucceffivement des provifions de M.rs les Préfidens de la Cour, d'un Confeiller-Préfident aux Enquêtes & de vingt-cinq Confeillers.

M. le Chancelier leur a fait prêter ferment, & leur a fait prendre leurs places.

Lefdites réceptions finies & les fervices de la Grand-Chambre, de la Tournelle & des Enquêtes, arrangés, M. le Chancelier a dit :

MESSIEURS,

" Sa Majefté dépofe en vos mains la portion la plus noble & la plus effentielle de fa puiffance. "

Juges de fes peuples, elle vous confie encore le foin de " veiller au maintien de l'ordre public, & de contenir fes fujets " fous l'Empire des Loix, pour leur affurer à tous cette liberté " qui n'exifte qu'avec les Loix, & qui périt avec elles. "

Mais ce pouvoir qu'Elle vous communique s'anéantiroit de " lui-même fi vous en méconnoiffiez la fource, & la Juftice " cefferoit de l'être dans vos mains, fi vous pouviez oublier un " inftant qu'elle eft la juftice du Roi & non pas la vôtre. "

Affis fur le premier des Tribunaux, vous rendrez toujours au " Roi, qui vous y a placés, l'hommage le plus pur & le plus " fidéle, & vous donnerez aux peuples l'exemple de la foumiffion " que vous exigerez d'eux. "

Vous ne ferez point cependant les inftrumens aveugles & paffifs " d'une volonté abfolue. "

Sa Majefté dédaigneroit une obéiffance avilie par la fervitude, " & repoufferoit loin d'Elle des Magiftrats qui n'auroient pas le " courage de lui dire la vérité.

» Elle ne veut régner que par les Loix, & son cœur désavoueroit » les Loix mêmes, si elles trompoient ses vues & faisoient le » malheur de ses peuples.

» Après les avoir formées dans le secret de sa sagesse, Elle écoutera » vos conseils.

» Vous déposerez dans son sein vos inquiétudes & vos craintes, » les vœux & les besoins de ses sujets.

» Mais plus jaloux de faire le bien que de paroître avoir voulu » le faire, vous ne donnerez point à vos remontrances une pu- » blicité qu'elles ne doivent jamais avoir.

» Si des vues supérieures, si une nécessité impérieuse ne permet- » tent pas à Sa Majesté de céder à vos supplications, vous vous » souviendrez que le devoir d'avertir l'Autorité n'est pas le droit de la » combattre ; que si le Trône ne met pas à l'abri des surprises, le zéle » le plus pur ne garantit pas de l'erreur, & que les Parlemens ont quel- » quefois refusé leurs suffrages à des Loix qui ont fait le bonheur des » peuples.

» Enfin vous n'oublierez jamais que les fonctions de votre » ministère sont une dette dont vous ne pouvez vous affranchir » vous-mêmes, & vous saurez vous arrêter au point où la fermeté » finit & où commence la desobéissance.

» La raison & les Loix mettent des bornes à votre résistance, » mais la bonté du Roi n'en met point à vos réclamations.

» L'accès du Trône vous sera toujours ouvert quand vos démarches » seront dictées par le respect & par la soumission, & Sa Majesté saura, » comme Henri le Grand, se faire obéir en Maître & se laisser fléchir » en Pére.

» Voila, Messieurs, vos sentimens, vos principes & vos devoirs ; » ils sont gravés dans vos cœurs, ils le furent toujours dans ceux » des vrais Magistrats ; jamais ils n'ont souffert d'atteinte que la » félicité publique n'en ait été altérée, & leur perpétuité sera toujours » le gage de la sûreté du Trône & de la prospérité de l'Etat.

Le discours fini, la Cour s'est levée & est retournée dans le même ordre à l'Hôtel de M. le Premier Président.

M. le Chancelier est parti pour Versailles.

Mrs. ont retourné chez eux, chacun de leur côté.

Signé, DUFRANC.

www.ingramcontent.com/pod-product-compliance
Ingram Content Group UK Ltd.
Pitfield, Milton Keynes, MK11 3LW, UK
UKHW020452180726
13839UKWH00004B/1793

9 782329 351735